# ŒUVRE

DE

# JEAN GOUJON

PARIS. — IMP. E. MARTINET, RUE MIGNON, 2.

# ŒUVRE

DE

# JEAN GOUJON

GRAVÉ

D'APRÈS SES STATUES ET SES BAS-RELIEFS

PAR RÉVEIL

ACCOMPAGNÉ D'UN TEXTE BIOGRAPHIQUE ET DE TABLES EXPLICATIVES DES PLANCHES

NOUVELLE ÉDITION

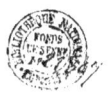

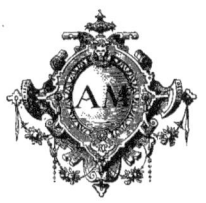

PARIS

A. MOREL, LIBRAIRE-ÉDITEUR

13, RUE BONAPARTE, 13

MDCCCLXVIII

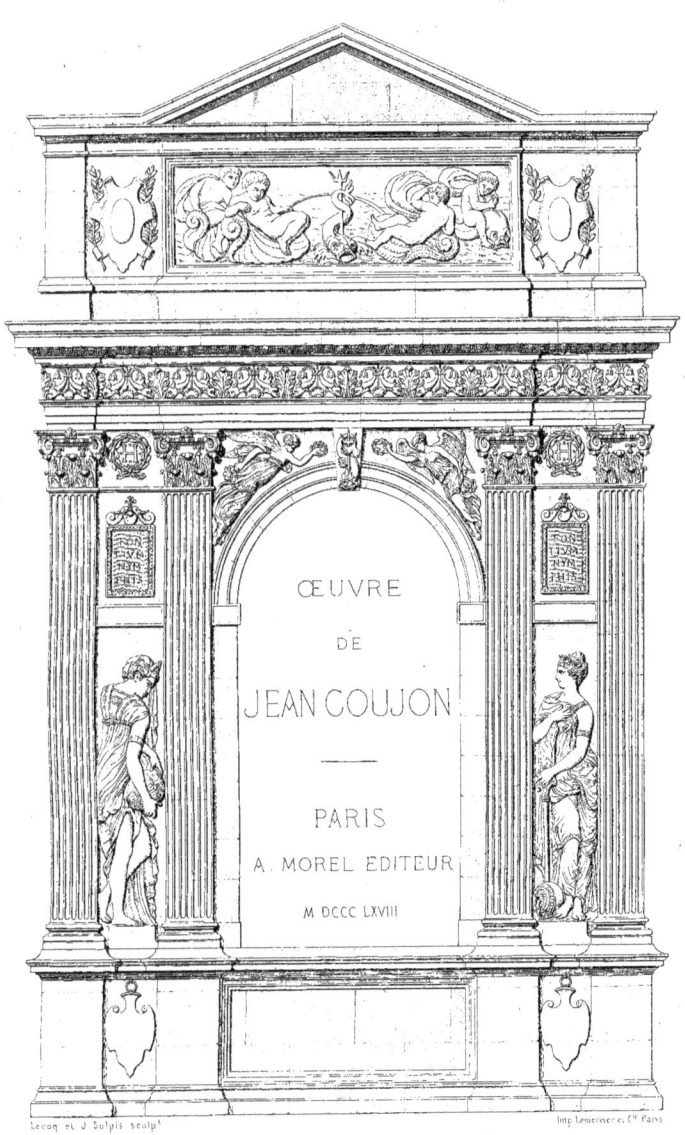

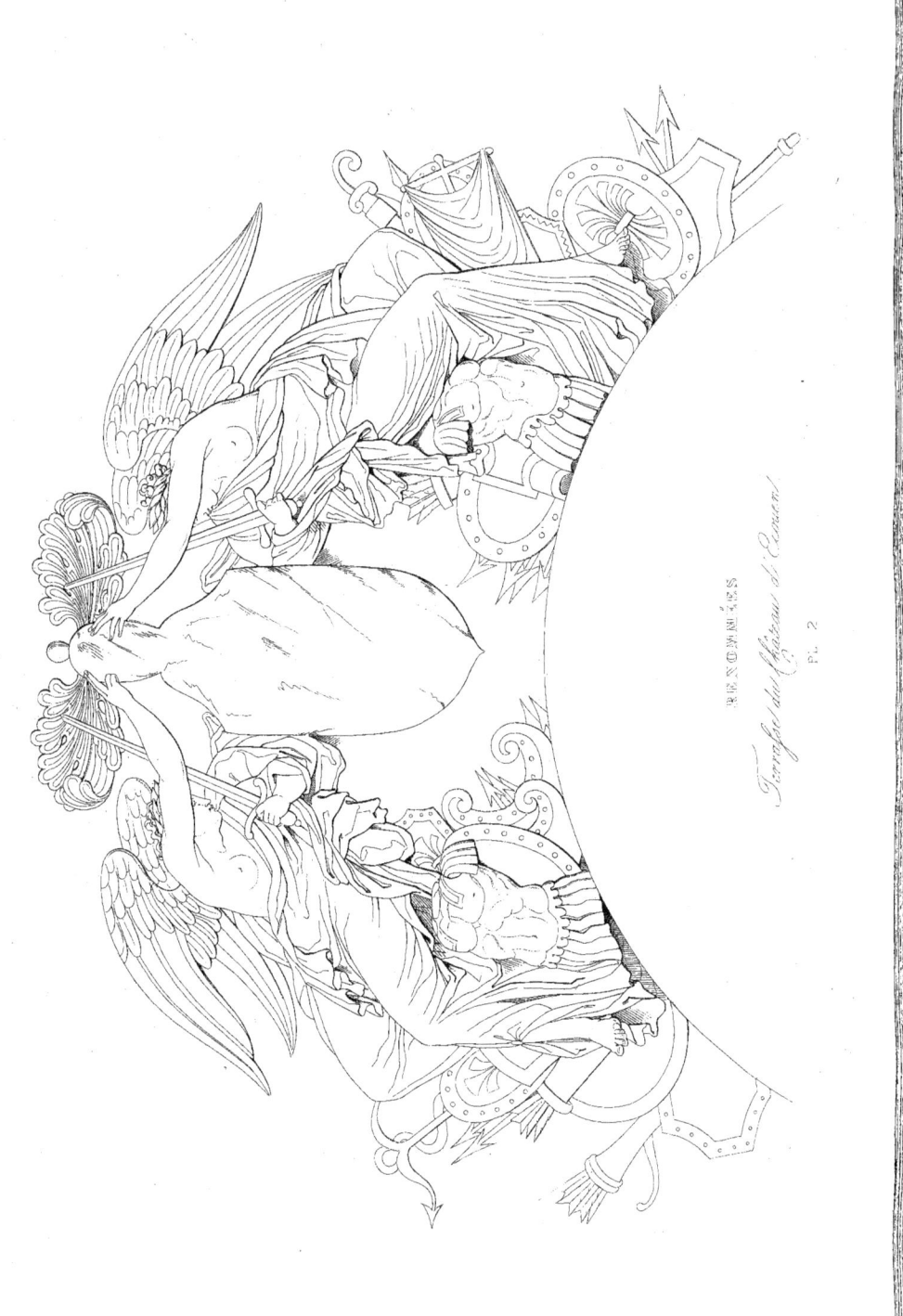

RENOMMÉES

Triomphe du Château d'Anet

Pl. 2

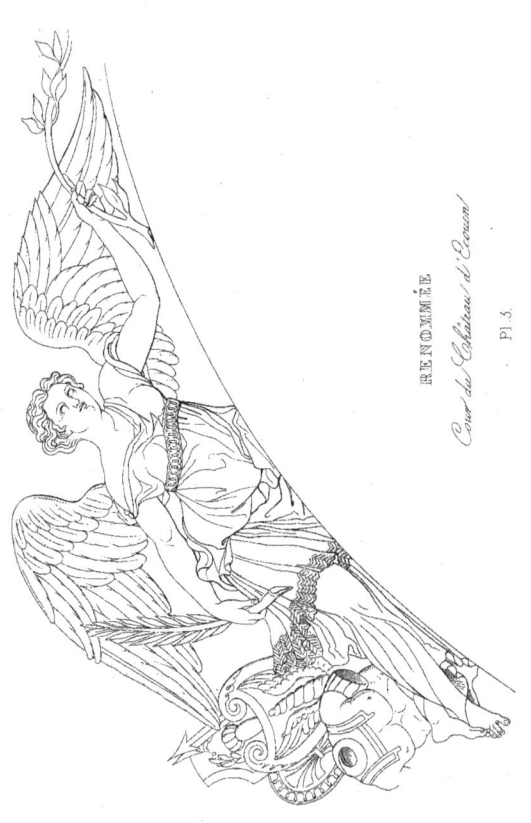

RENOMMÉE
Cour du Château de Lorson
Pl. 3.

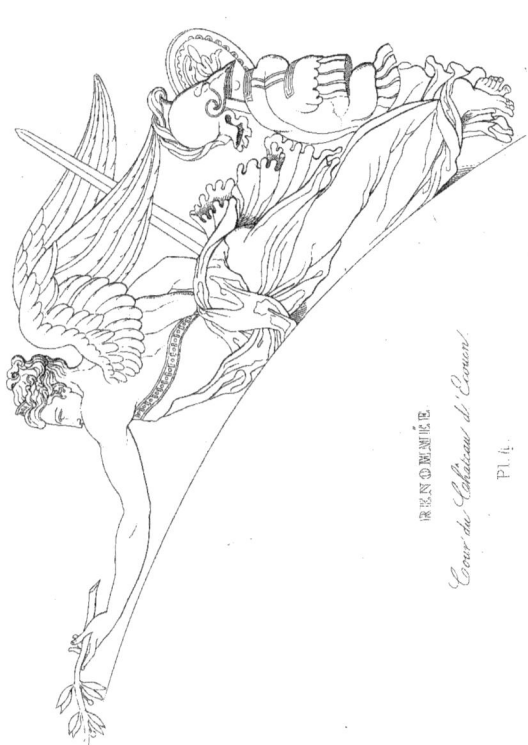

RENOMMÉE.
Cour du Château d'Ecouen.
Pl. 4.

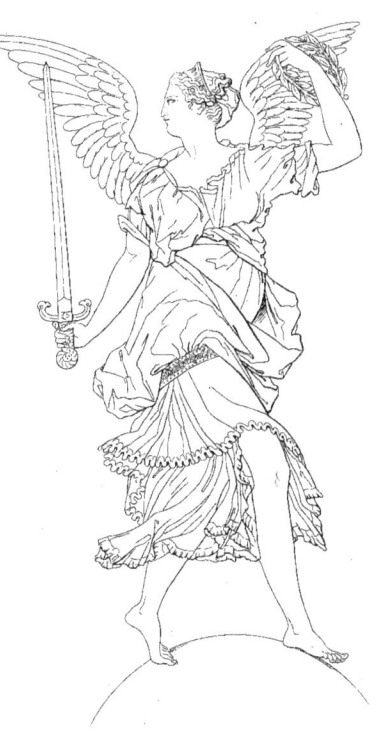

LA VICTOIRE
*Salle des Gardes au Château d'Écouen*
Pl. 5.

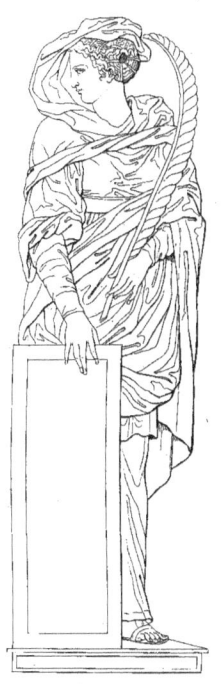

LA FORCE
Chapelle du Château d'Écouen.
Pl. 6.

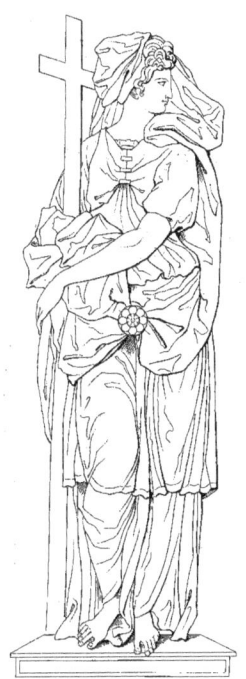

LA RELIGION

Chapelle du Château d'Écouen

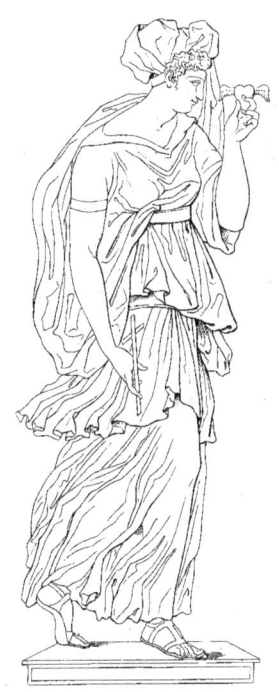

LA FOI

Chapelle du Château d'Ecouen

Pl. 5.

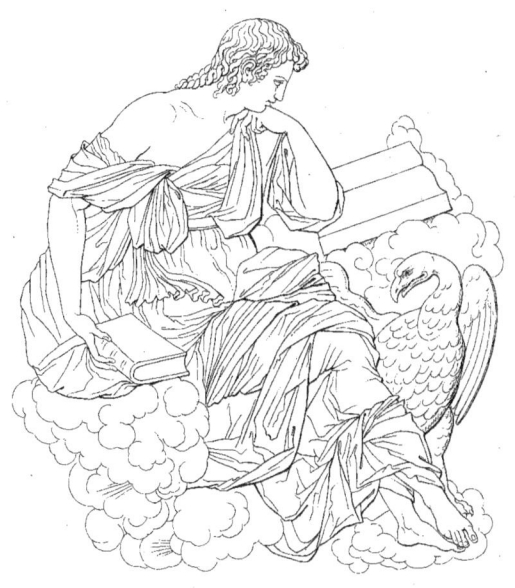

St Jean
Chapelle du Château d'Écouen
Pl 9

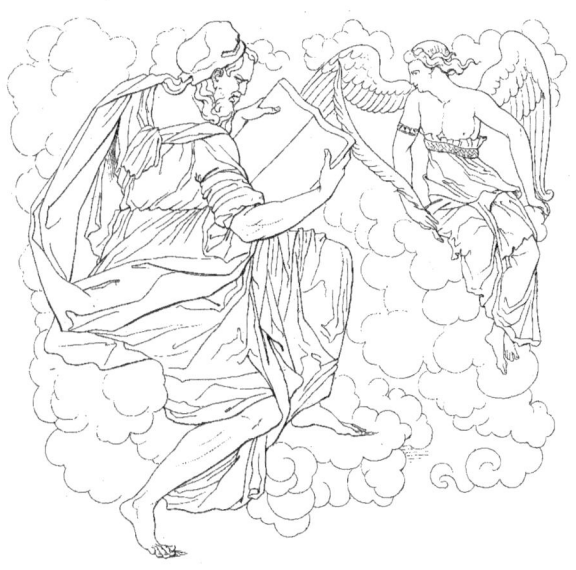

St MATHIEU
Chapelle du Château d'Écouen
Pl. 10

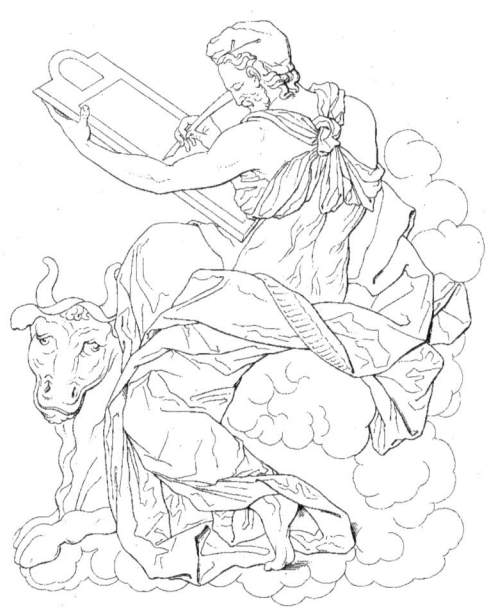

ST LUC
Chapelle du Château d'Écouen.

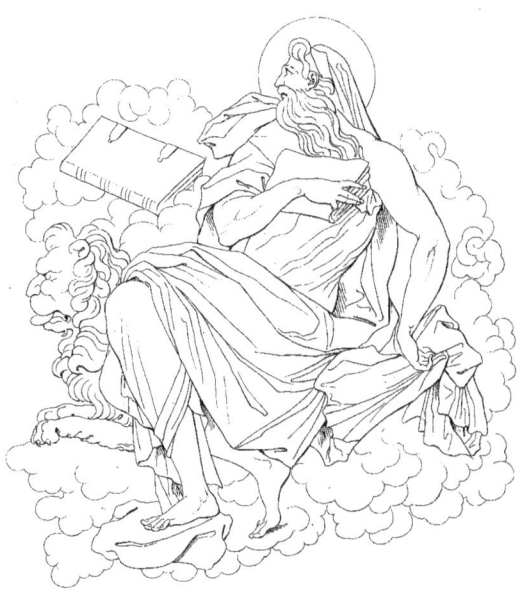

ST MARC
Chapelle du Château d'Écouen.
Pl. 12.

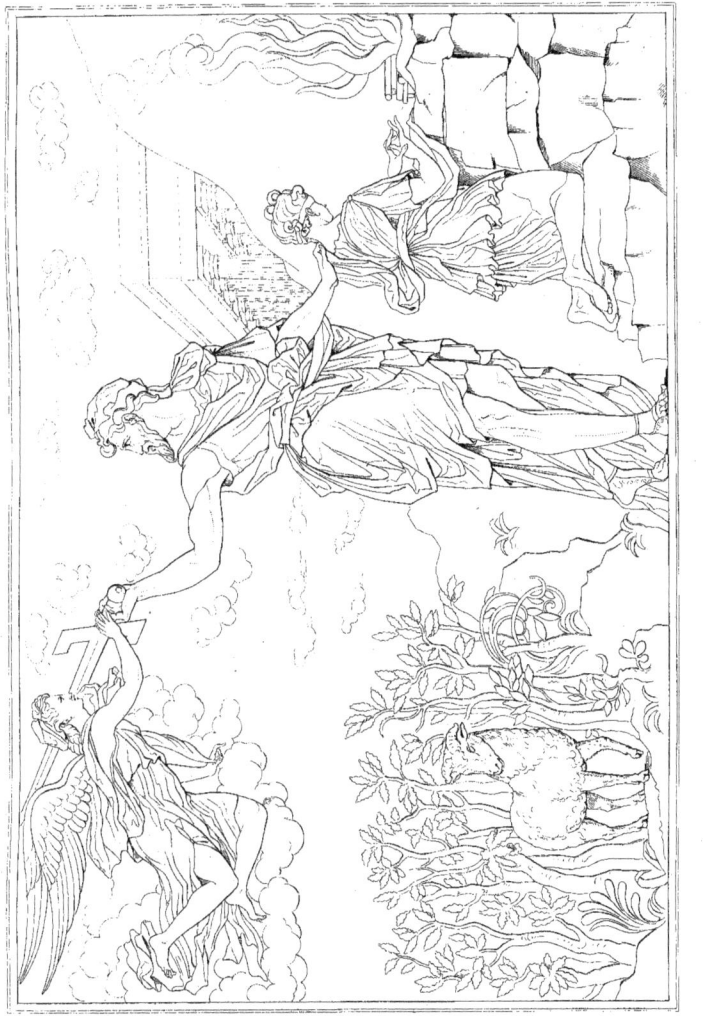

SACRIFICE D'ABRAHAM.
Chapelle du Château d'Oiron.

Pl. 3.

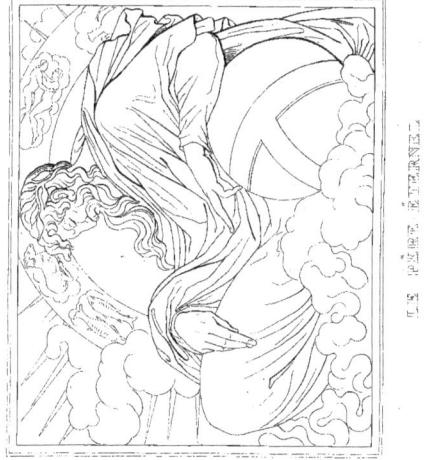

LE PÈRE ÉTERNEL.
Chapelle du Château d'Ecouen.

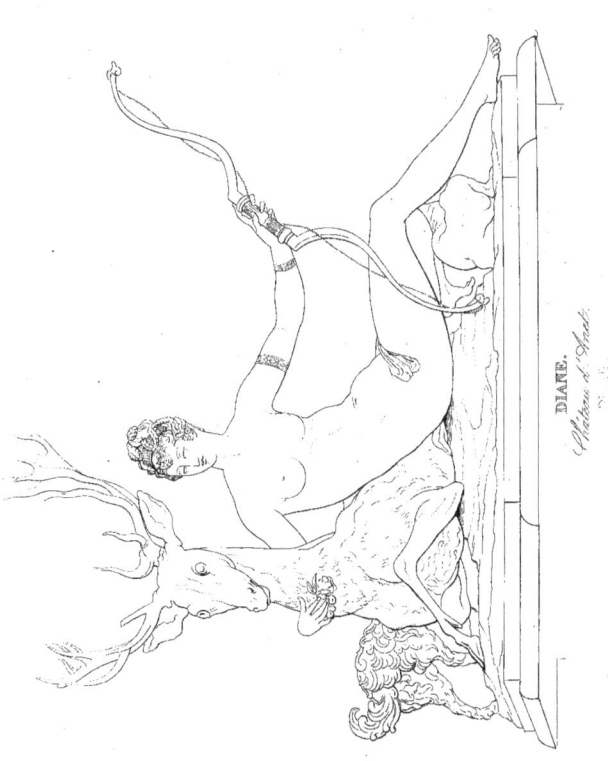

DIANE.
*Château et Saale.*

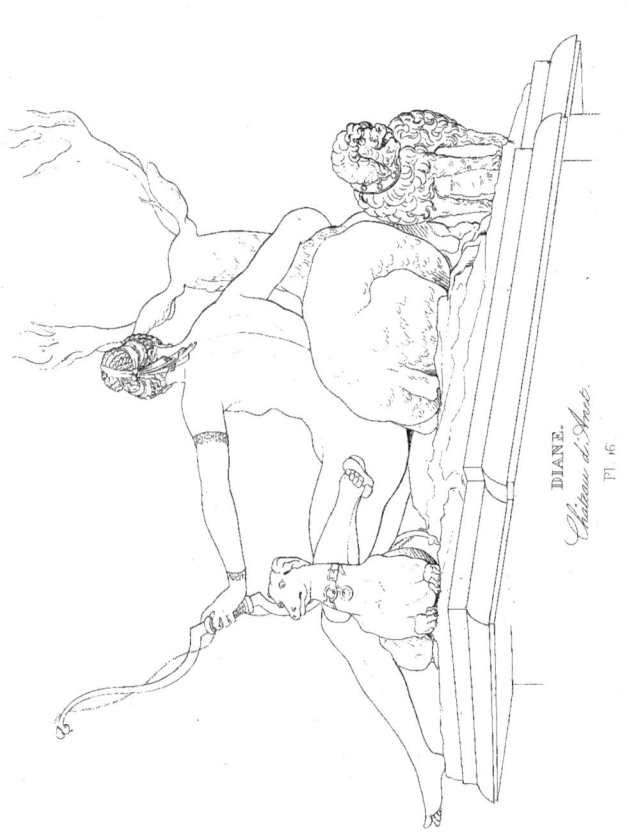

DIANE.
Château d'Anet.
Pl. 16.

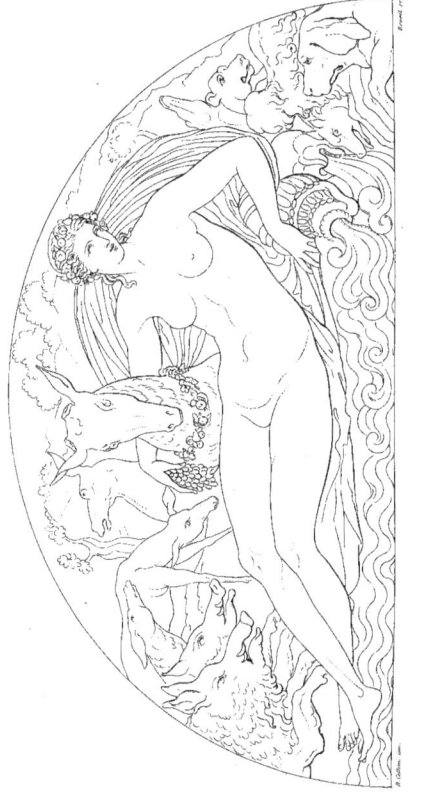

NYMPHE DE LA FONTAINE.

Pl. 17

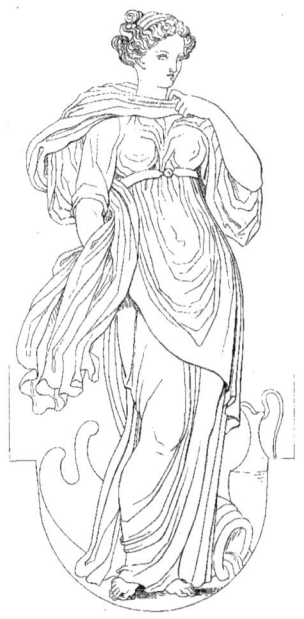

NYMPHE.
Château d'Anet.
Pl. 18

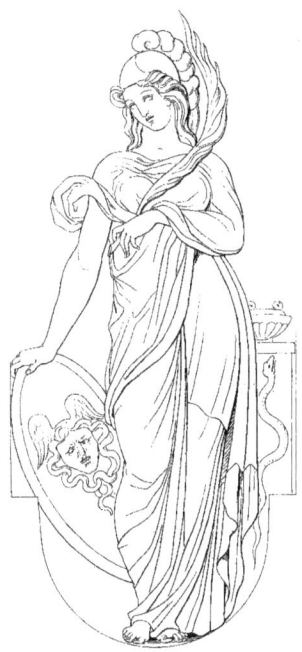

MINERVE.
Château d'Anet.
Pl. 19.

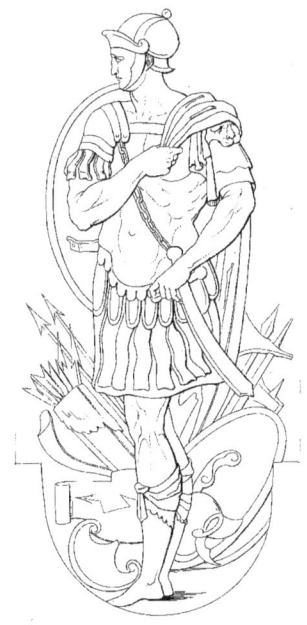

MARS.
Château d'Anet.
Pl. 20.

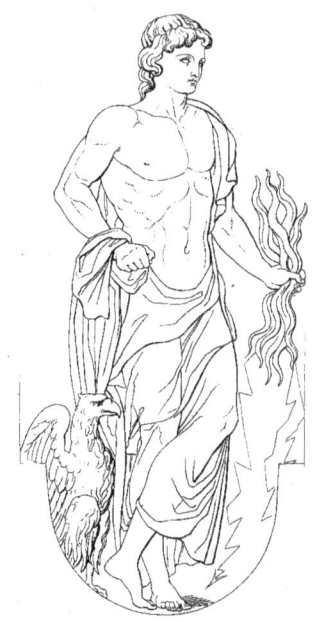

JUPITER.
Château d'Anet
Pl. 21.

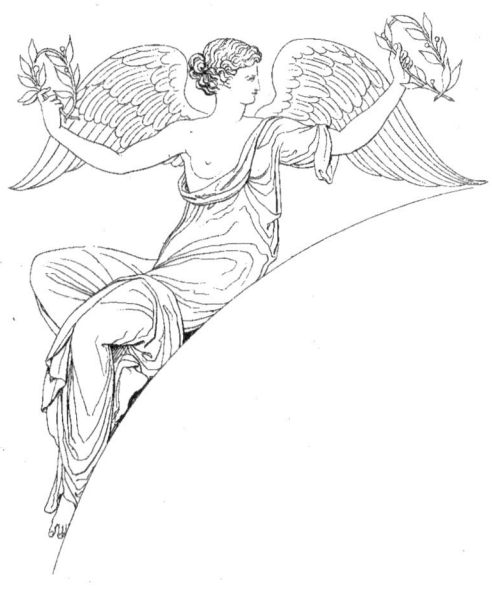

RENOMMÉE.
Château d'Anet.
Pl. 22.

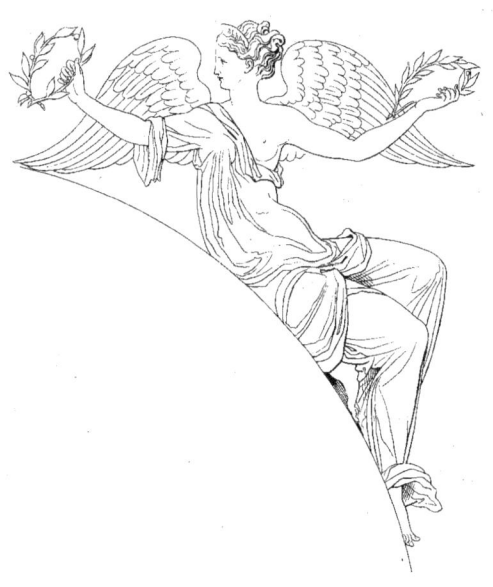

RENOMMÉE.
Château d'Anet.
Pl. 23

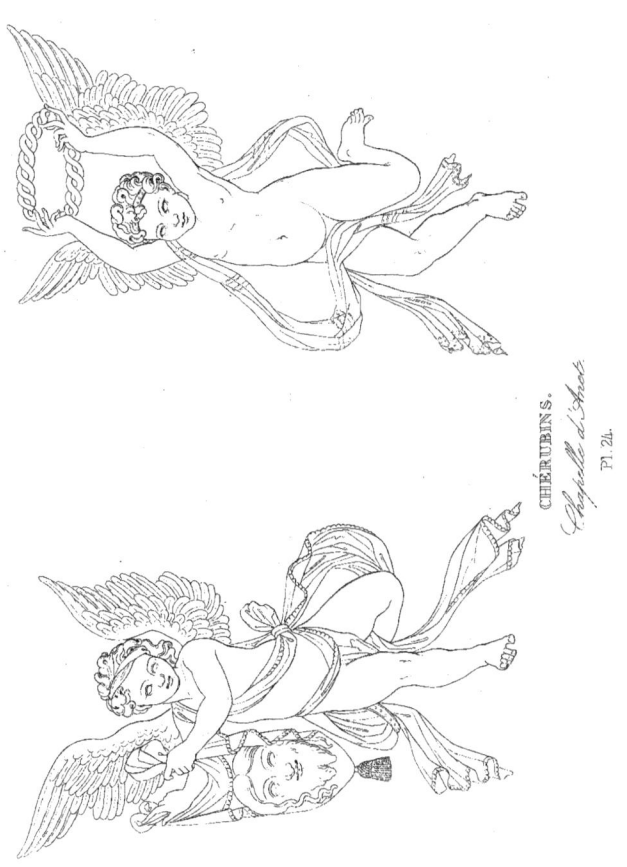

CHÉRUBINS.
*Chapelle d'Arotz*
Pl. 24.

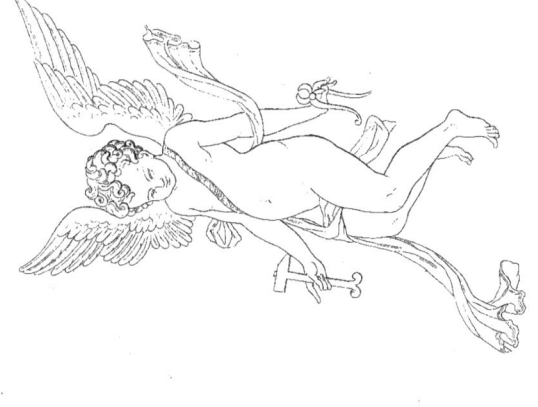
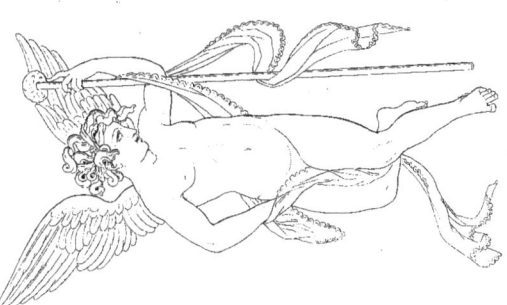

CHÉRUBINS.
Chapelle S.t Ignace.
Pl. 25.

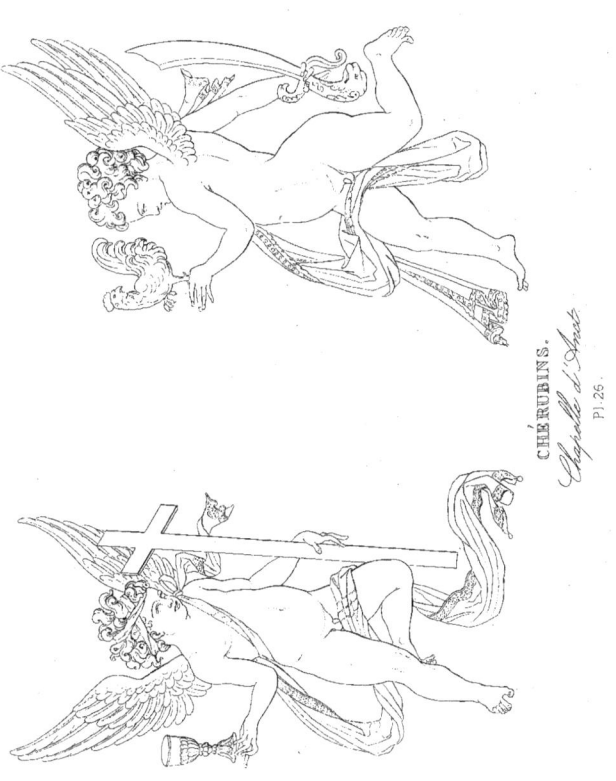

CHÉRUBINS.
Chapelle d'Arezzo.
Pl. 26.

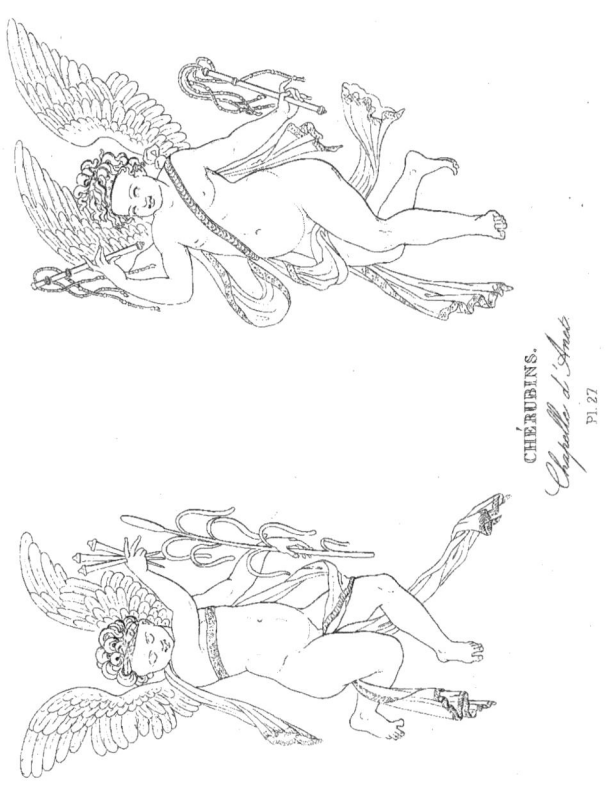

CHÉRUBINS.
Chapelle d'Amet
Pl. 27

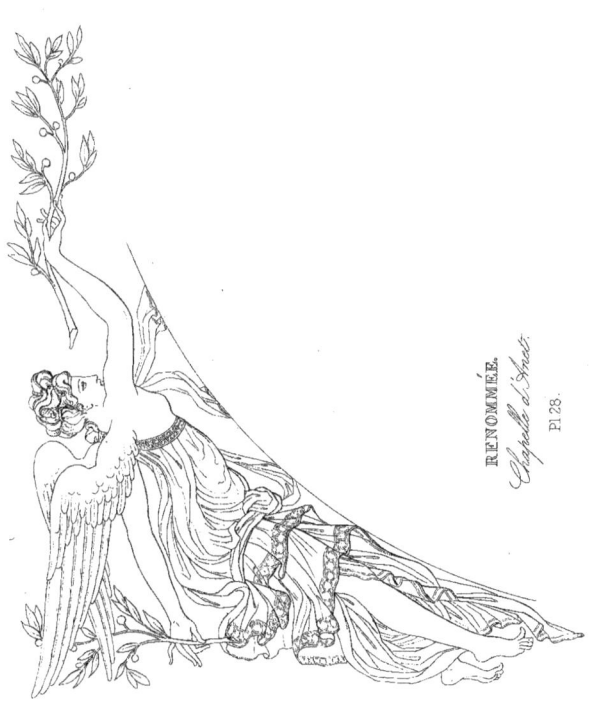

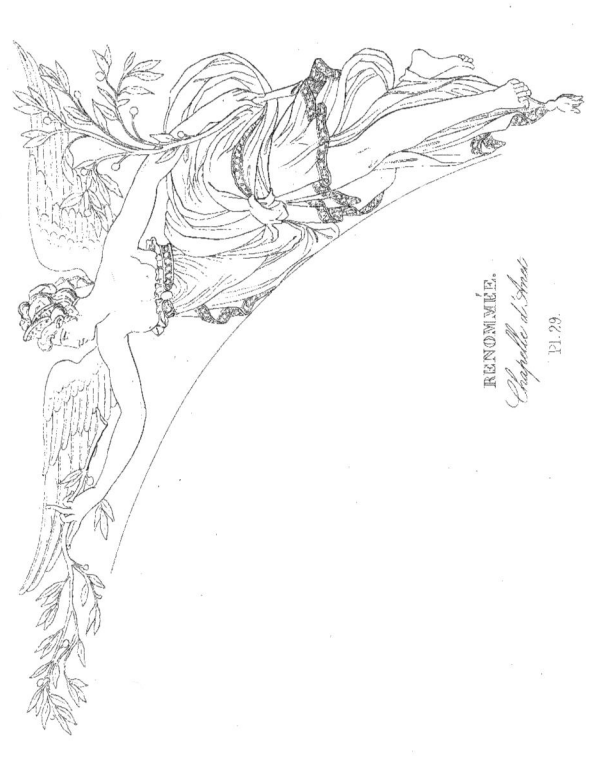

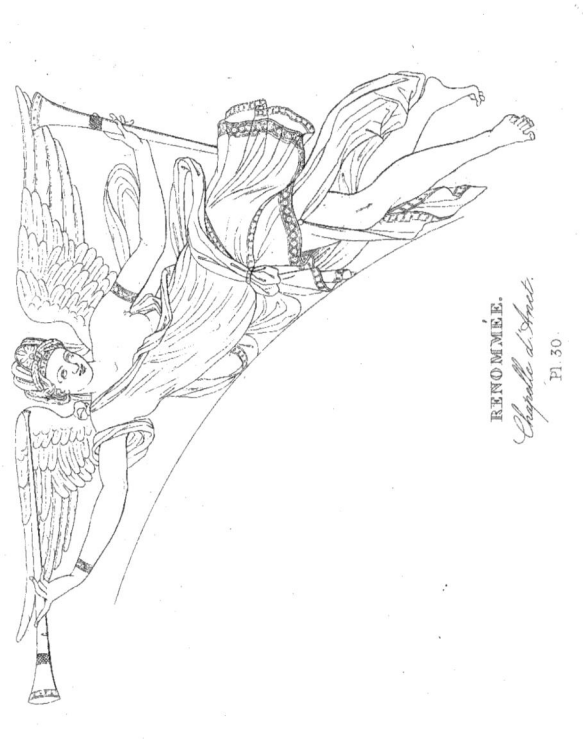

RENOMMÉE.
Chapelle d'Anet.
Pl. 30.

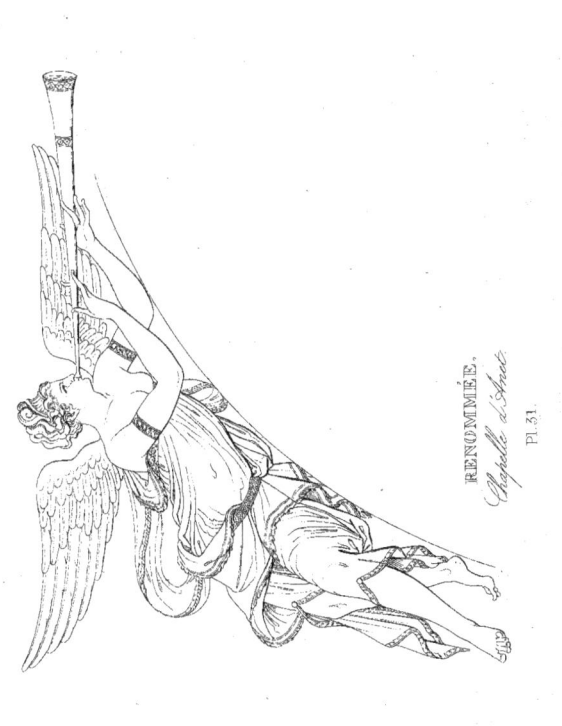

RENOMMÉE.
Chapelle d'Arezzo
Pl. 31

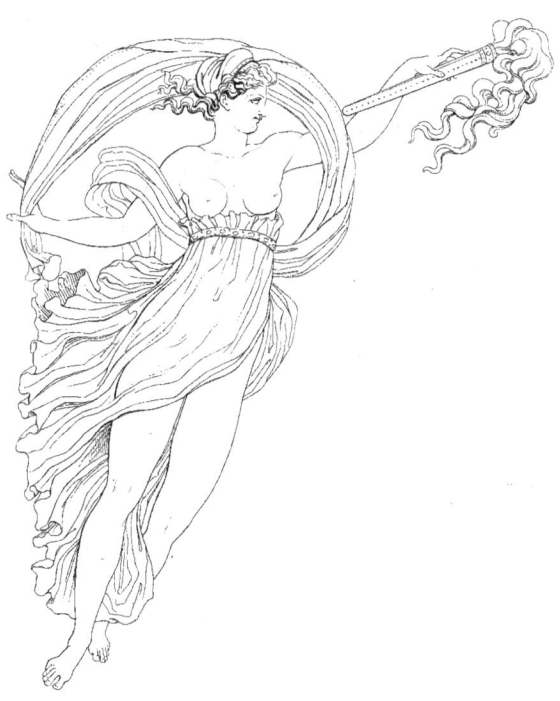

RENOMMÉE.
Château d'Anet.
Pl. 32.

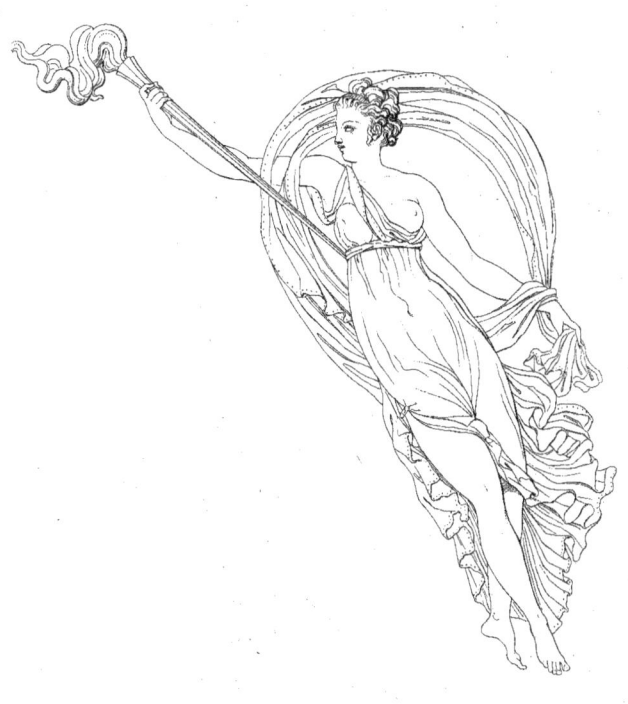

RENOMMÉE.
Château d'Anet.
Pl. 33.

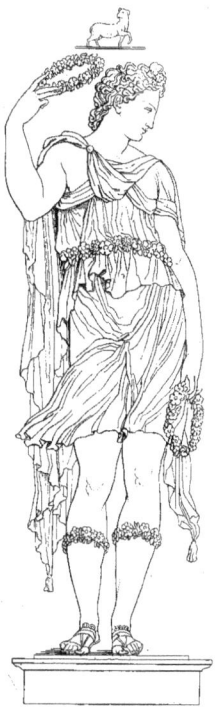

LE PRINTEMS
Hôtel Carnavalet
Pl. 34.

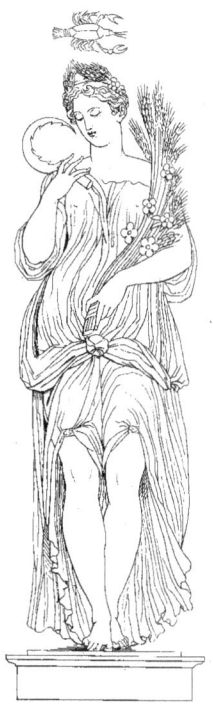

L'ÉTÉ
Hôtel Carnavalet
Pl. 35.

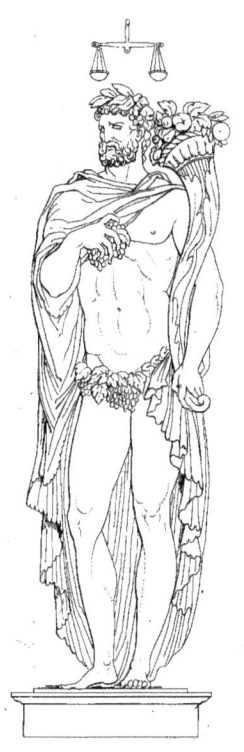

L'AUTOMNE
Hôtel Carnavalet
Pl. 36.

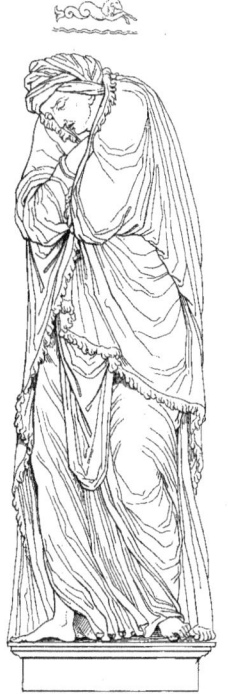

L'HIVER
Hôtel Carnavalet.
Pl 37

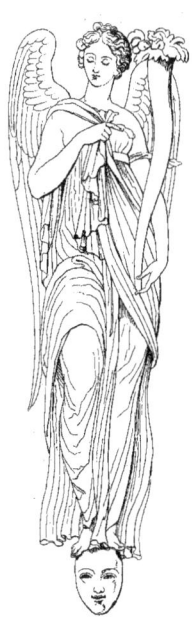

THÉMIS
Hôtel Carnavalet
Pl. 38.

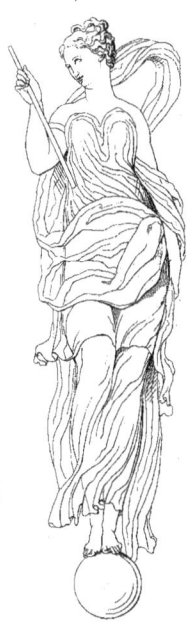

THÉMIS
Hôtel Carnavalet
Pl 39

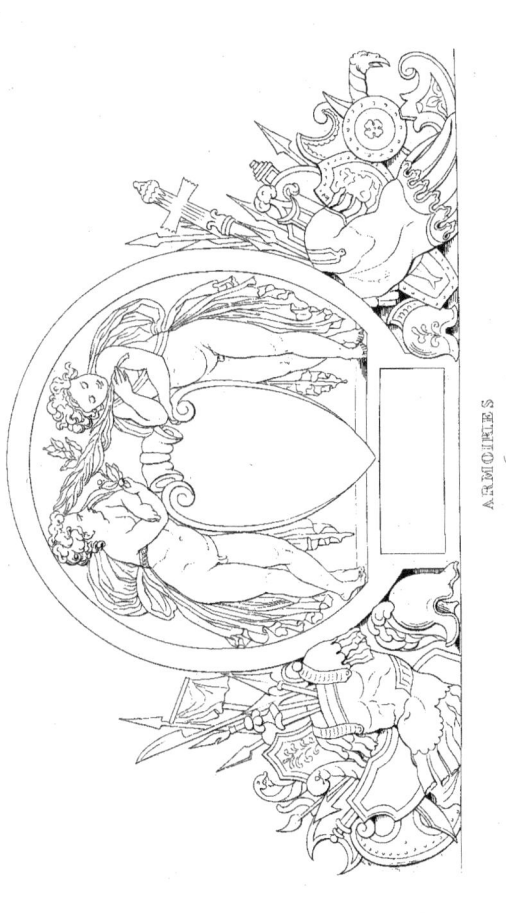

ARMOIRES
Hôtel Carnavalet
Pl. 40.

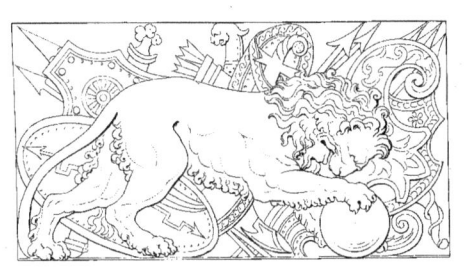

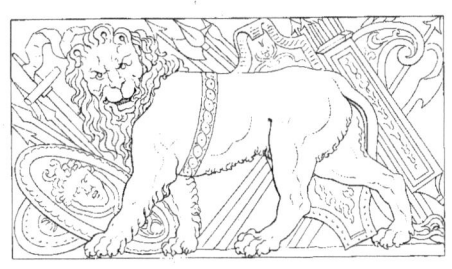

LIONS
Hôtel Carnavalet
Pl. 41.

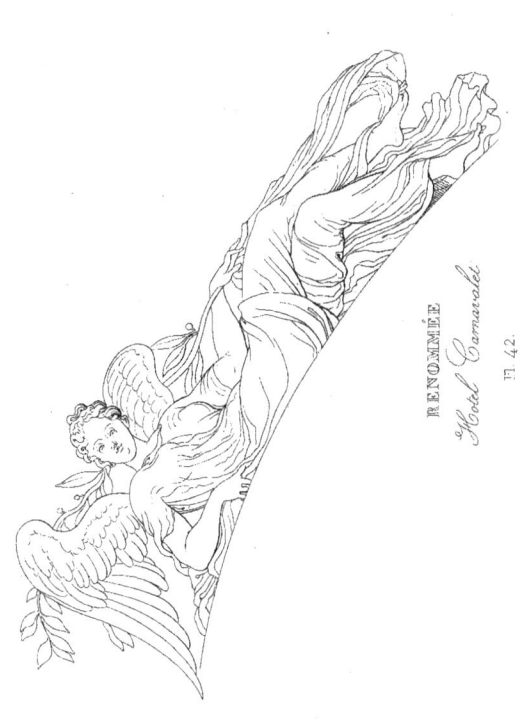

RENOMMÉE
Hôtel Carnavalet
n 42.

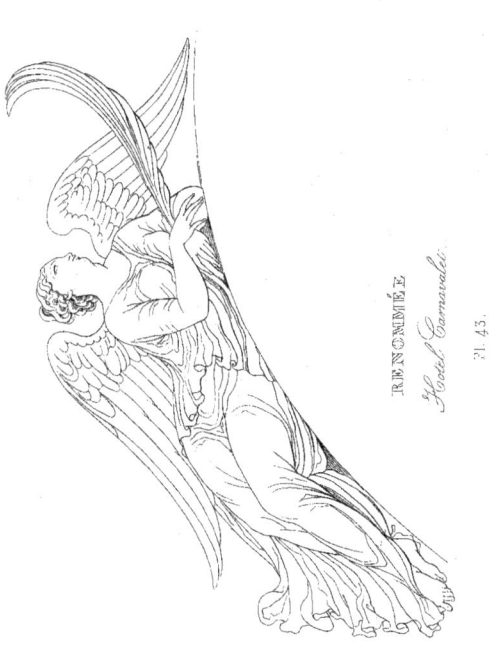

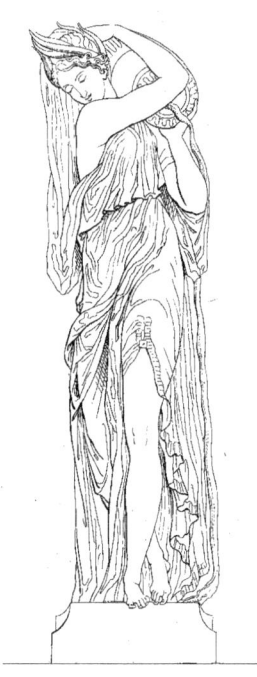

NYMPHE
Fontaine des Nymphes
Pl 44.

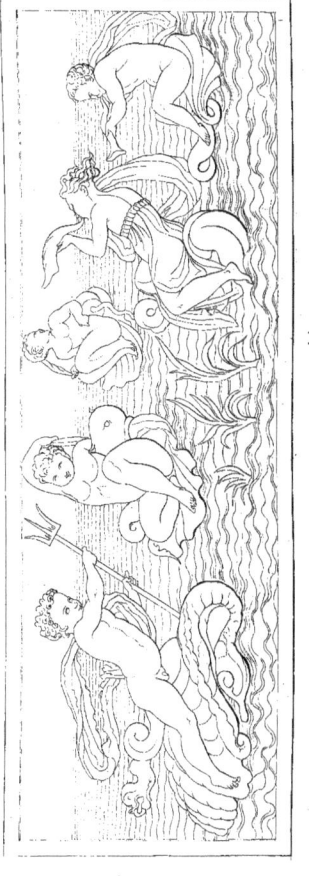

BAS RELIEF DE L'ATTIQUE
Fontaine des Nymphes.
P. 45.

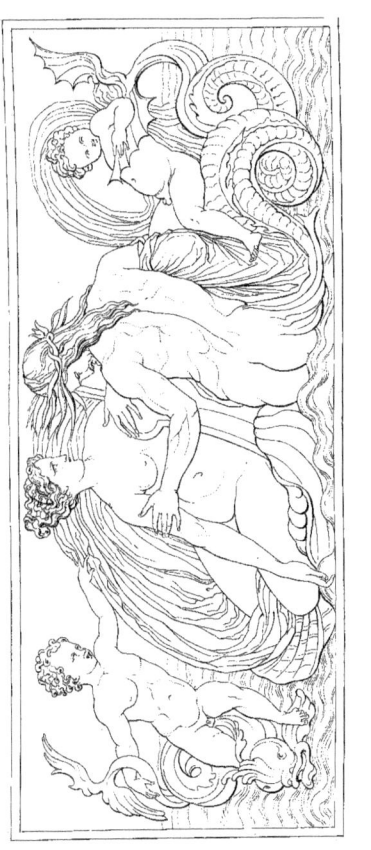

BAS RELIEF DU SOUBASSEMENT
Fontaine des Nymphes
Pl 46

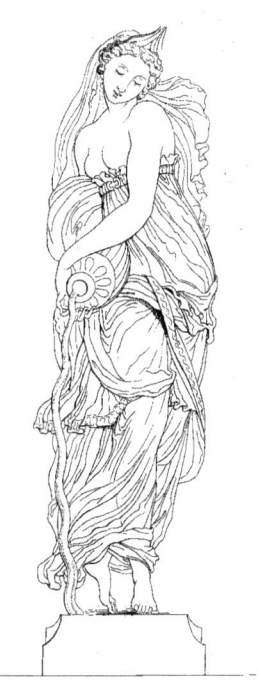

NYMPHE
Fontaine des Nymphes.
Pl. 47.

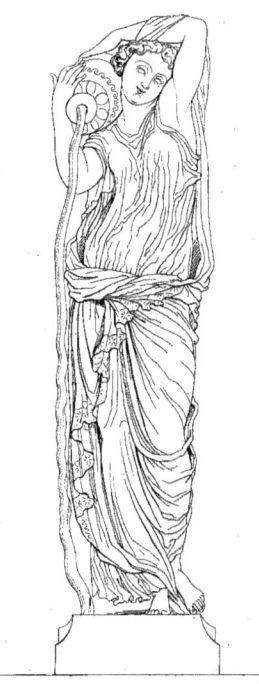

NYMPHE
Fontaine des Nymphes
Pl. 48.

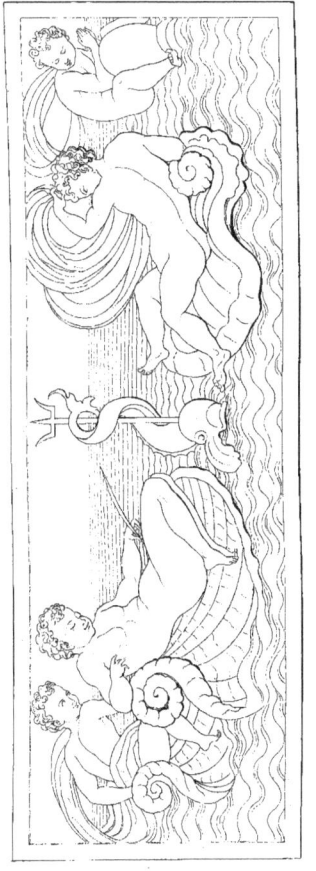

BAS RELIEF DE L'ATTIQUE.
P. 49.

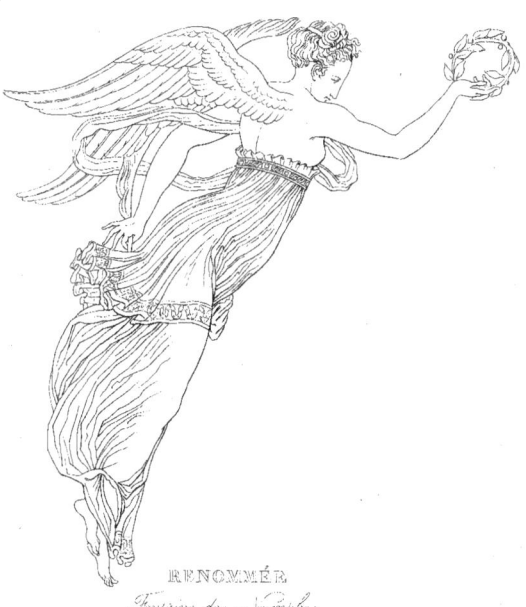

RENOMMÉE.
Fontaine des Nymphes.
Pl. 50.

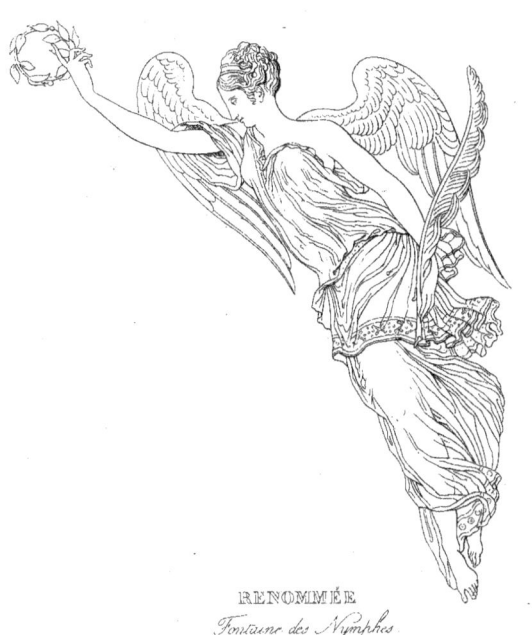

RENOMMÉE
Fontaine des Nymphes
Pl. 51.

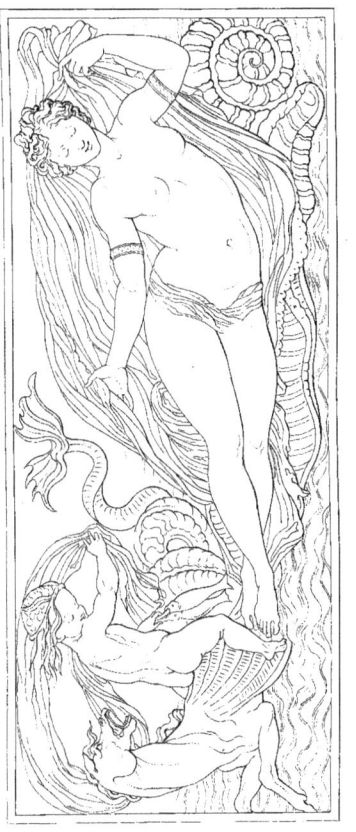

BAS RELIEF DU SOUBASSEMENT
Fontaine des Nymphes
Pl 52.

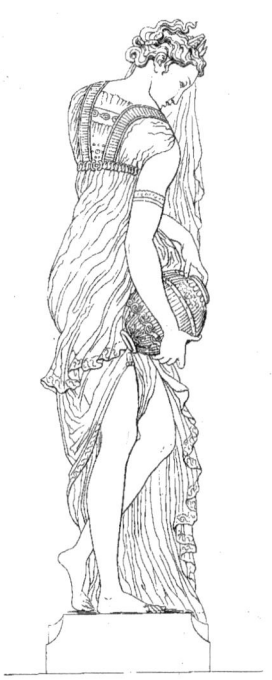

NYMPHE.
Fontaine des Nymphes.
Pl. 53.

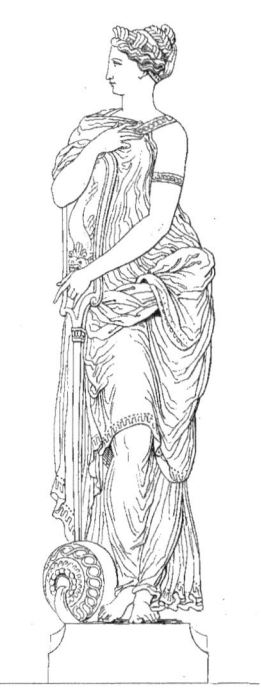

NYMPHE
Fontaine des Nymphes.
Pl. 54.

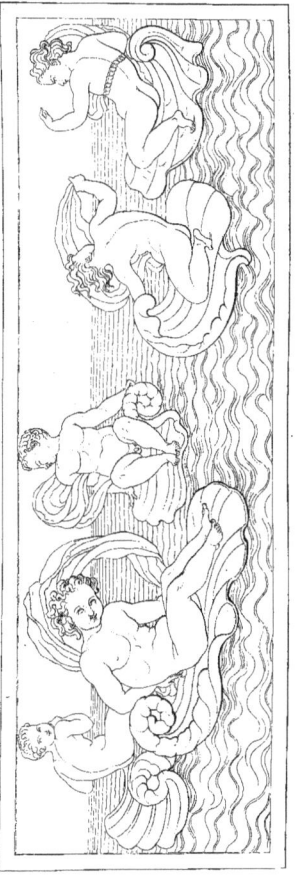

BAS RELIEF DE L'ATTIQUE
Fontaine des Nymphes
Pl. 55.

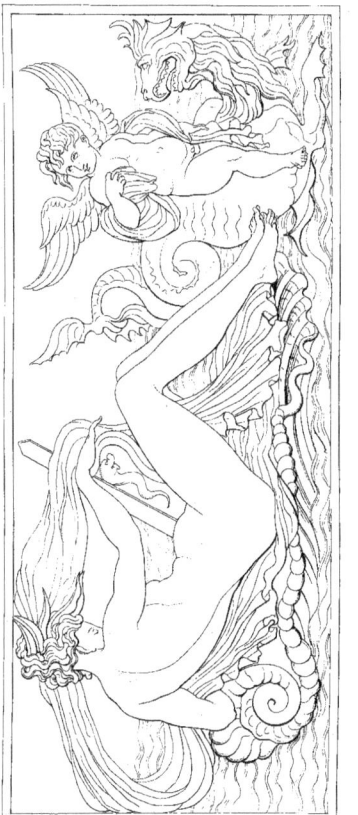

BAS RELIEF DU SOUBASSEMENT
Fontaine des Nymphes
Pl. 56.

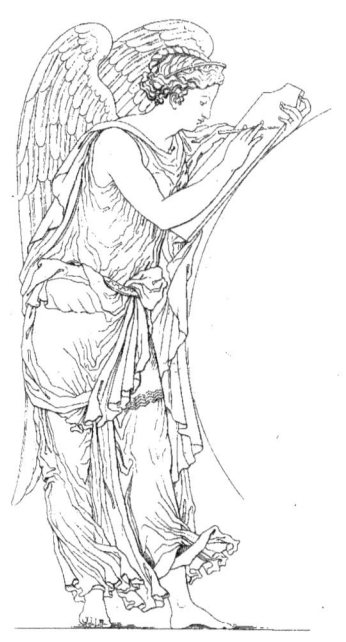

L'HISTOIRE.

Pl. 57.

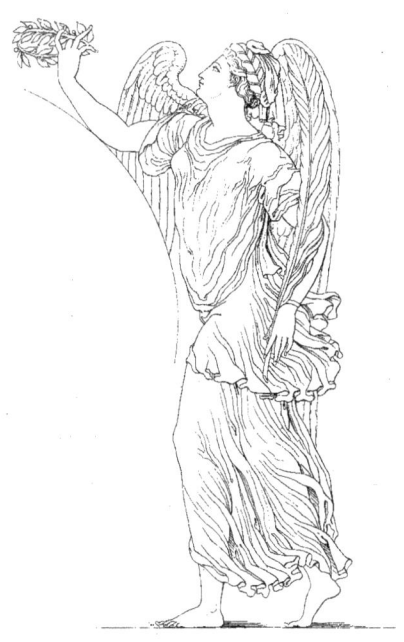

LA VICTOIRE.

Pl. 58.

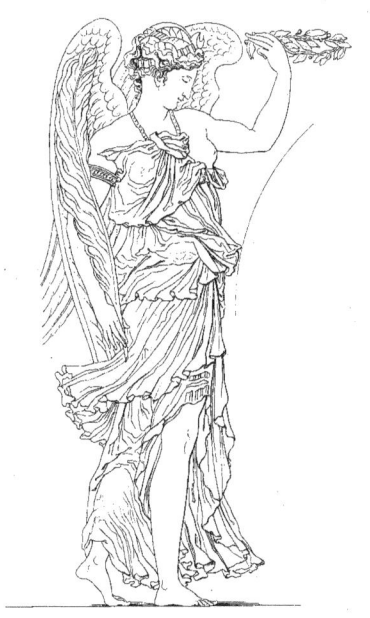

LA GLOIRE.

Pl. 59

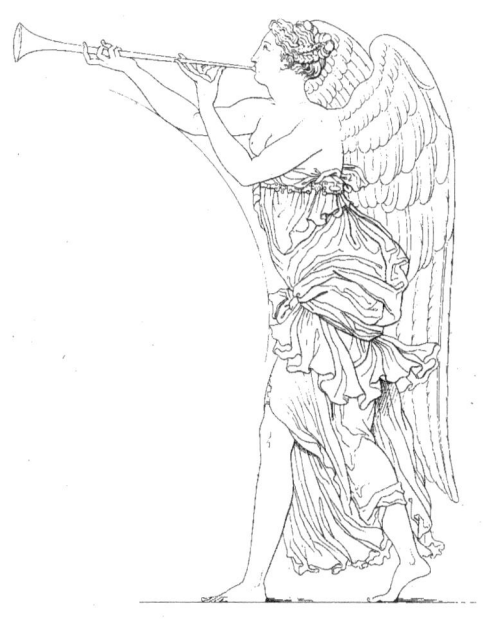

LA RENOMMÉE.

Pl. 50

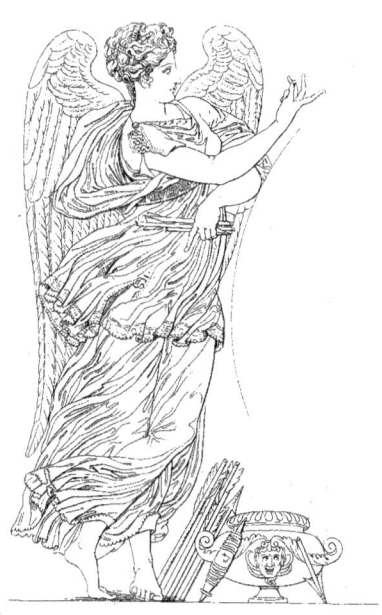

LA GUERRE DÉSARMÉE.

Pl. 61.

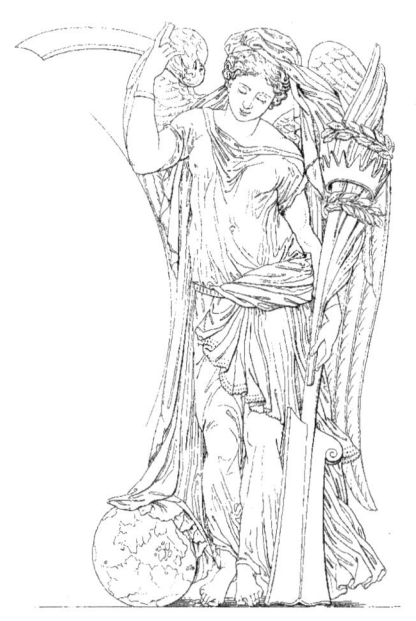

LA PAIX.

Pl. 62

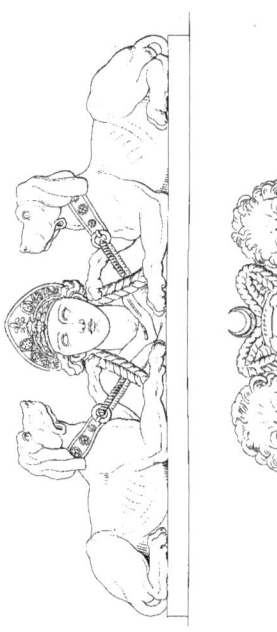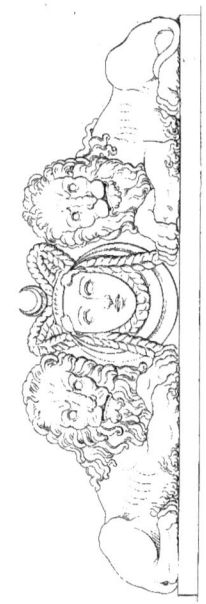

DESSUS DES CROISÉES DU 1er ÉTAGE. *Louvre*
P. 63.

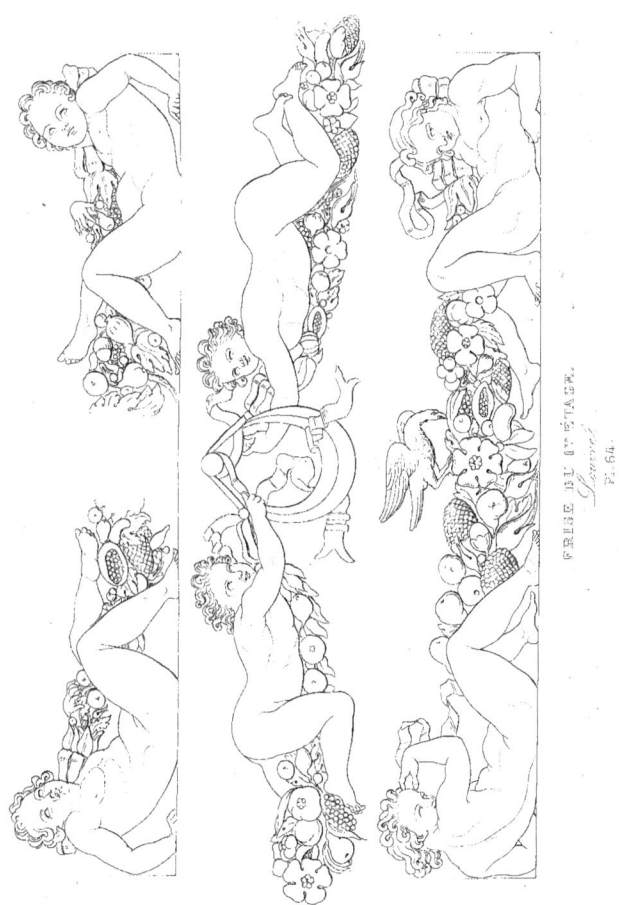

FRISE DU 1er ÉTAGE.

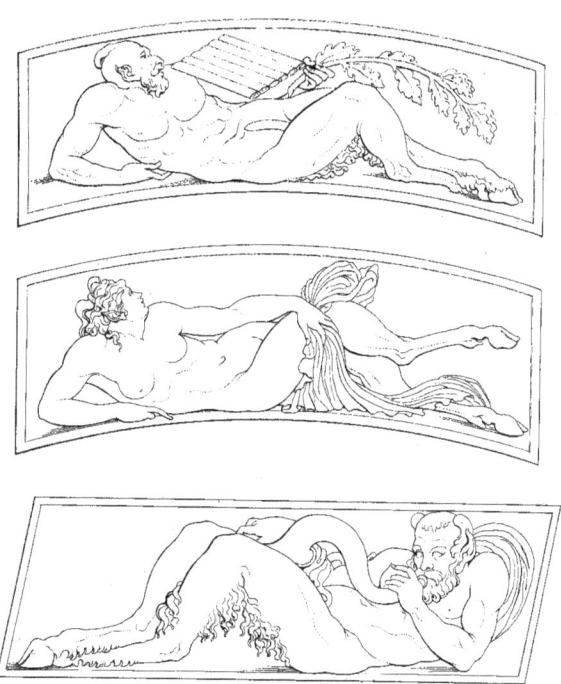

ESCALIER DE HENRY II.
Louvre.
Pl. 65.

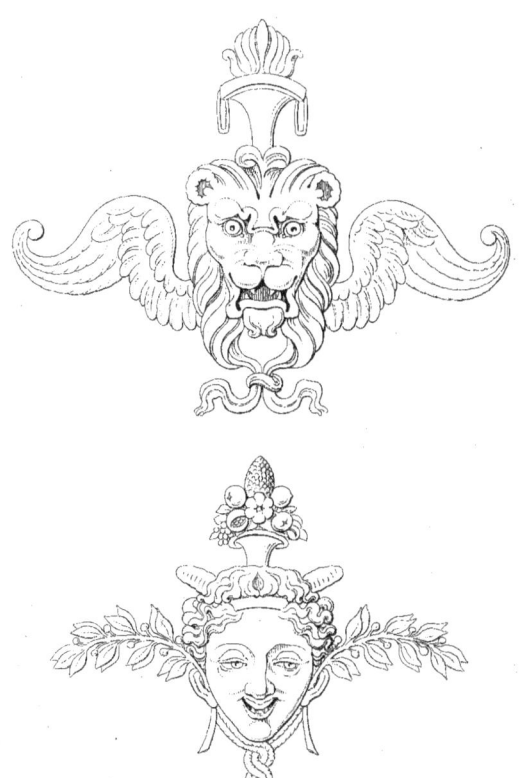

ESCALIER DE HENRY II.
Louvre.
Pl 66.

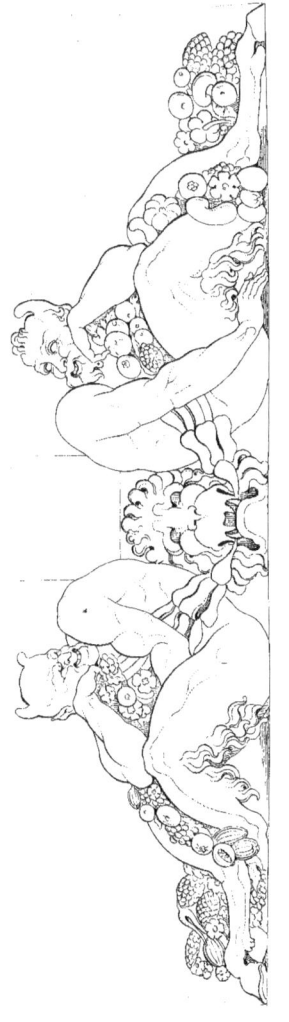

ESCALIER DE HENRY II.

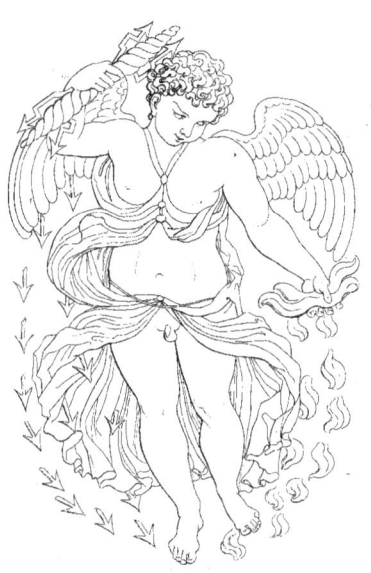

ESCALIER DE HENRY II.
*Louvre.*
Pl. 68.

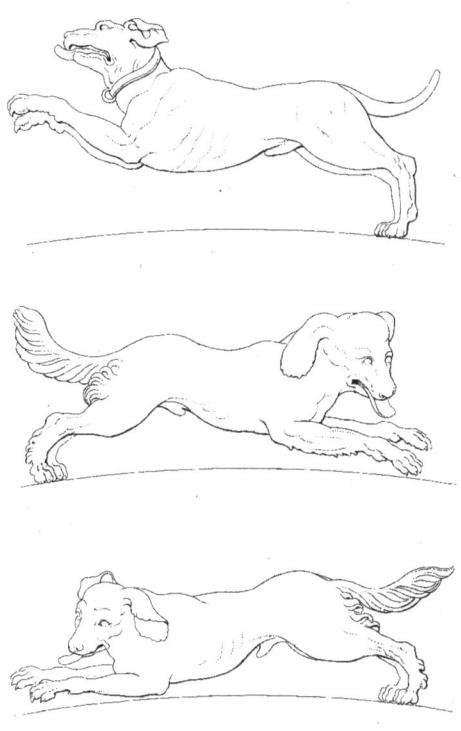

ESCALIER DE HENRY II.
*Louvre*
Pl. 69.

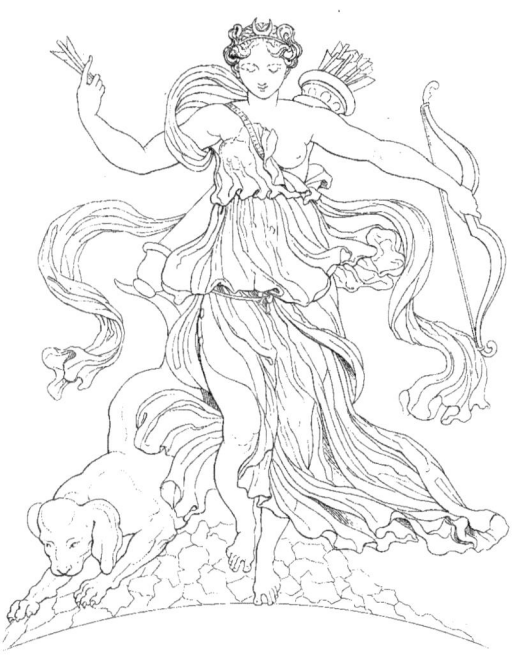

ESCALIER DE HENRY II.

Louvre

Pl. 70

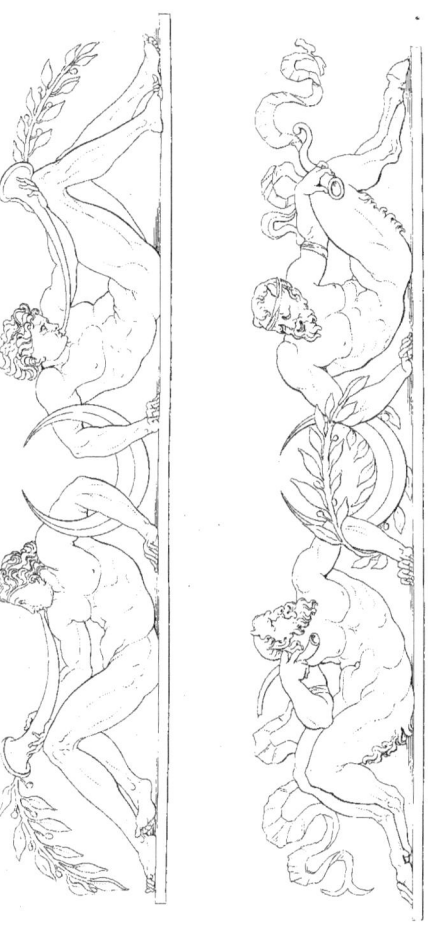

ESCALIER DE HENRY II.
Louvre.
Pl. 71.

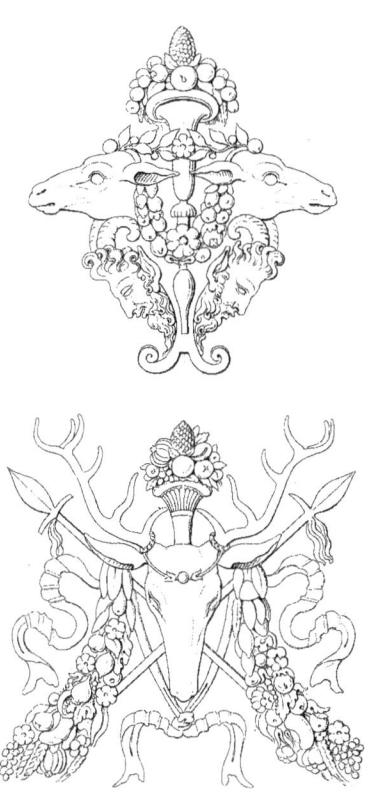

ESCALIER DE HENRY II.
Louvre
Pl 72.

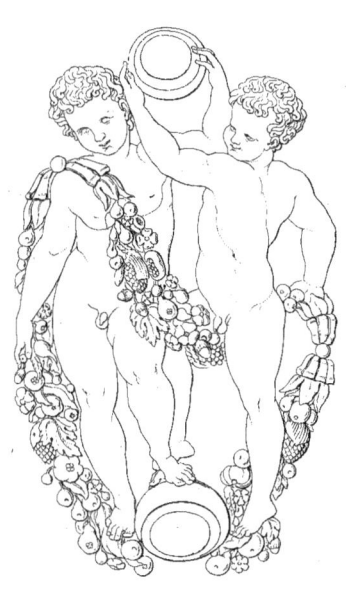

ESCALIER DE HENRY II.
Louvre.
Pl. 73.

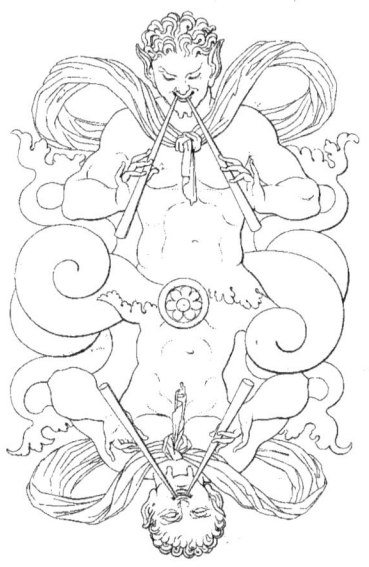

ESCALIER DE HENRY II.
Louvre.
Pl. 74.

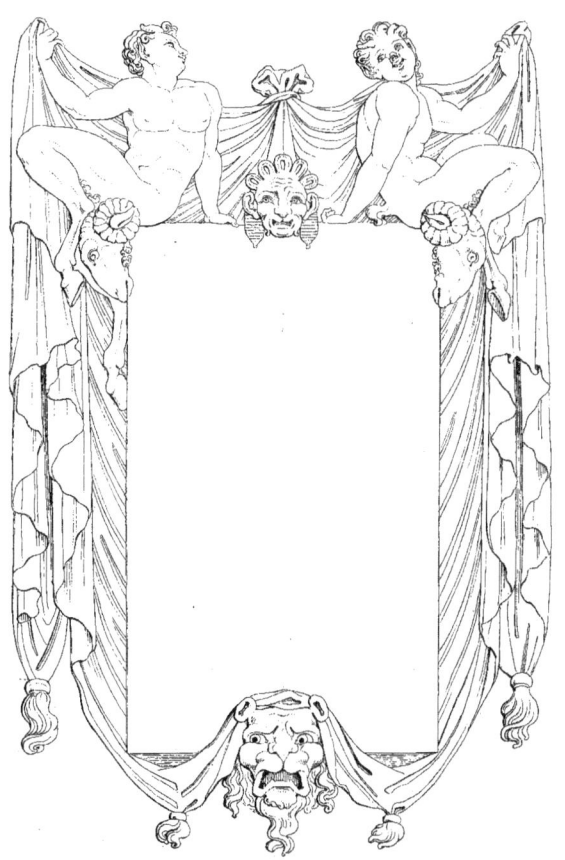

ESCALIER DE HENRY II.
Pl 75

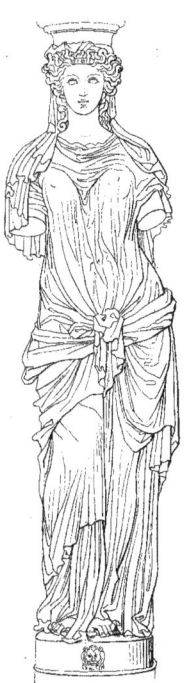

CARIATIDE.
Louvre
Pl 76.

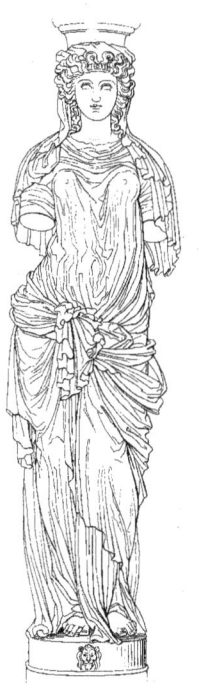

CARIATIDE.
Louvre
Pl. 77.

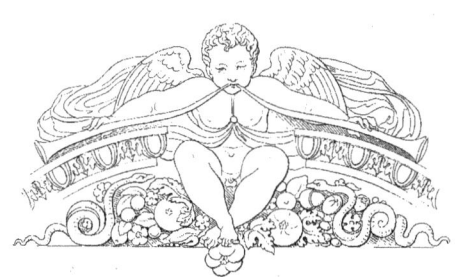

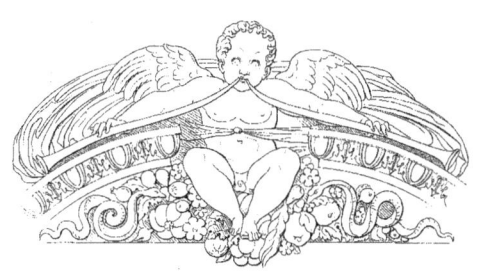

TRIBUNE DES CARIATIDES.
*Louvre.*
Pl. 78.

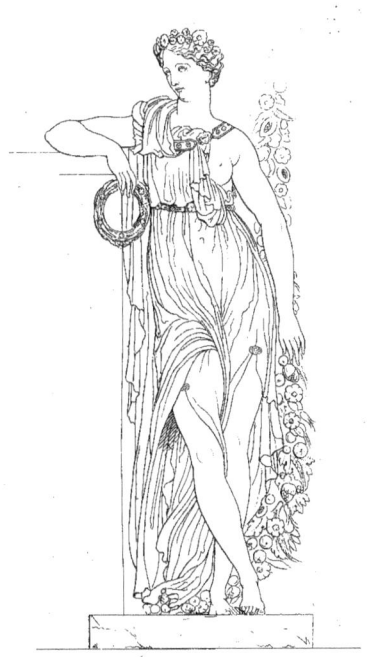

FLORE.
Sourel
Pl.79.

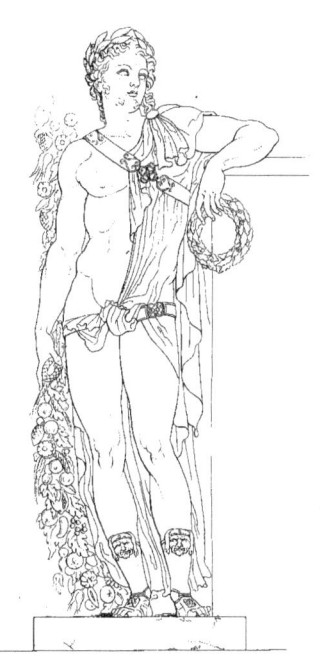

ZÉPHIRE.
Louvre
Pl. 80.

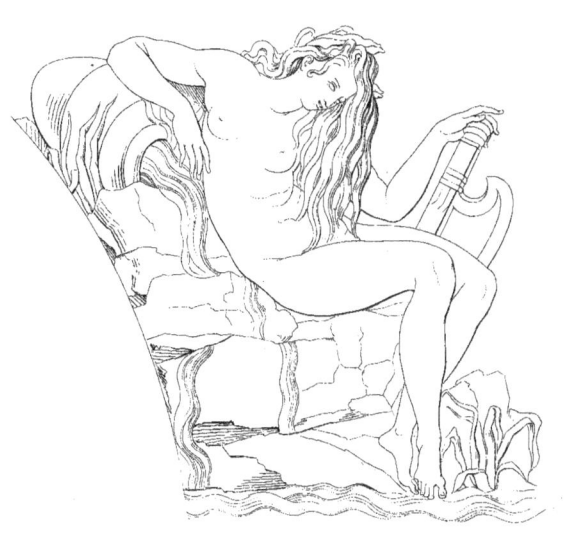

LA SEINE
Porte St. Antoine
P. 61.

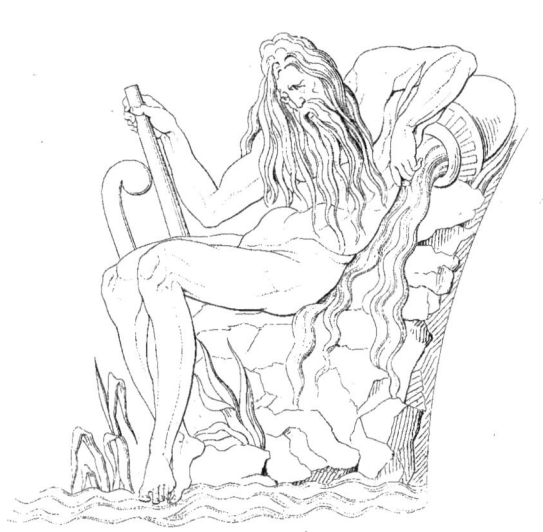

LA MARNE
Porte S.<sup>t</sup> Antoine
Pl 82.

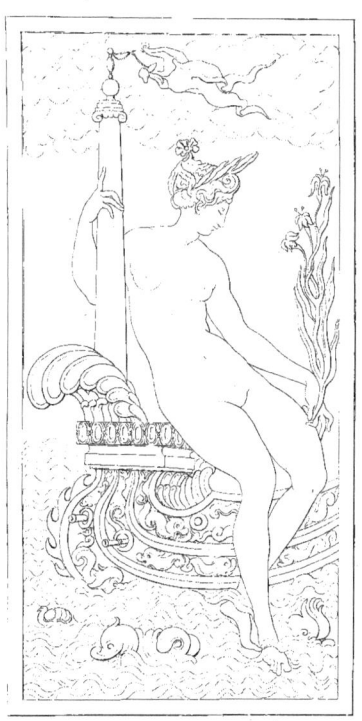

NYMPHE

Pl. 83.

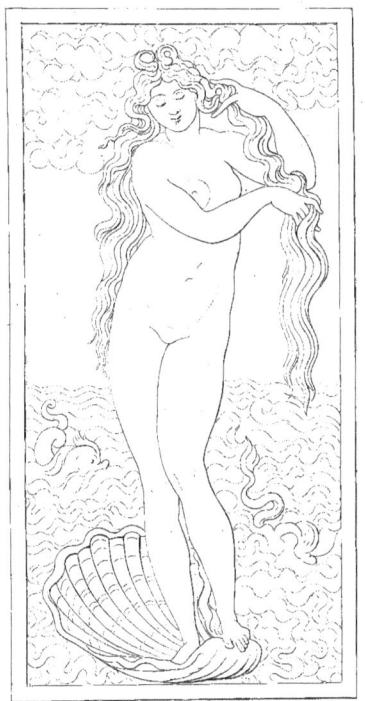

NYMPHE

Pl 84.

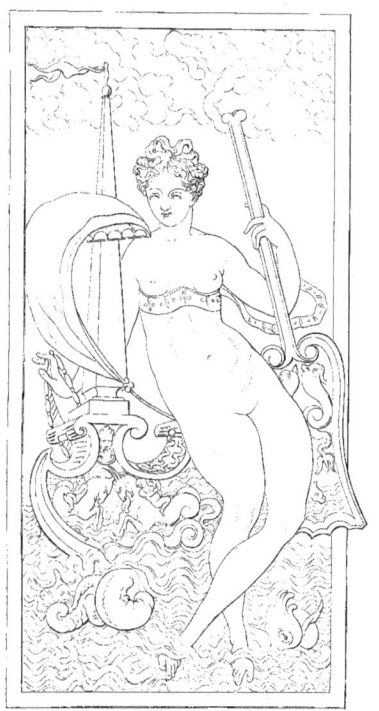

NYMPHÉE

Pl. 85

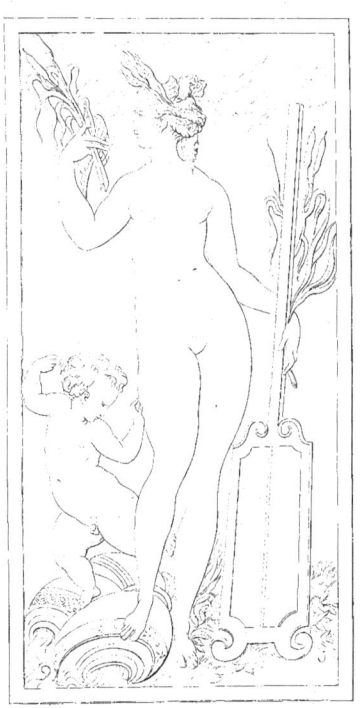

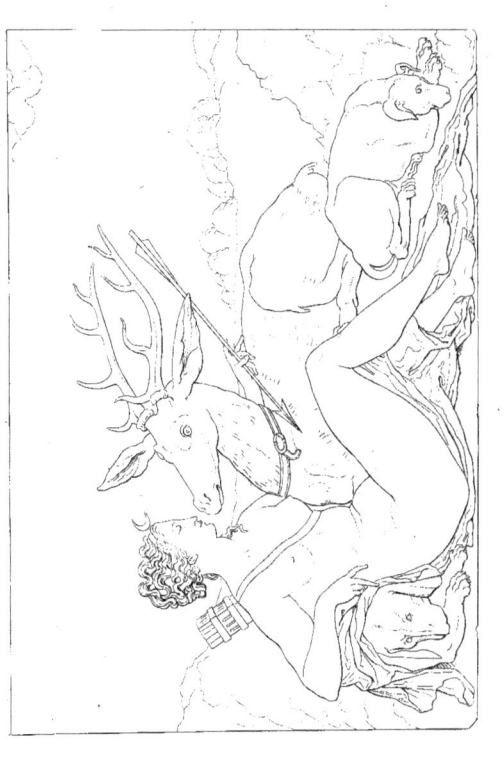

DIANE.

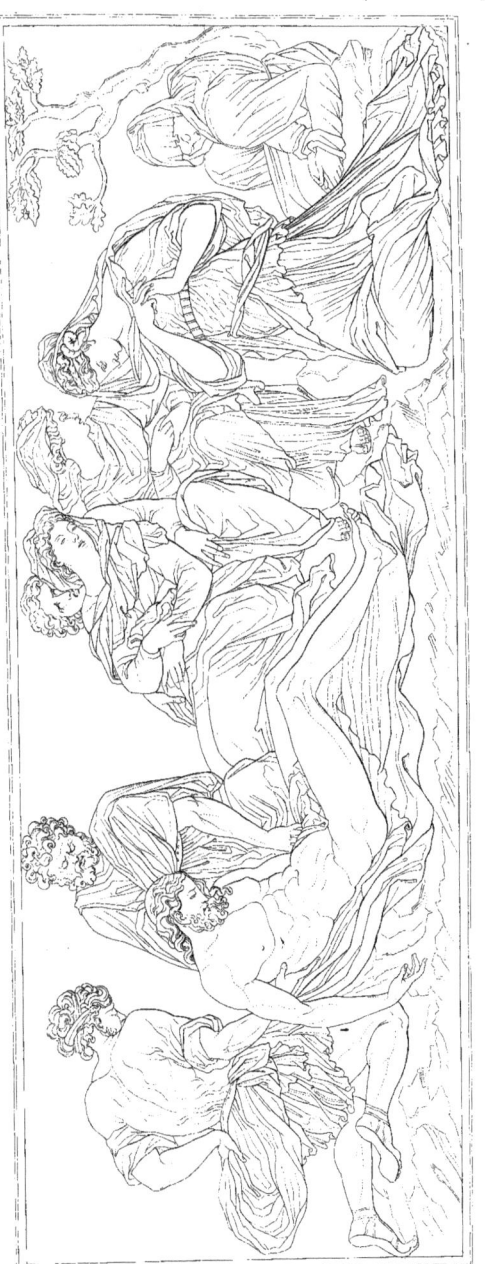

LA DÉVOTION
PL. 88

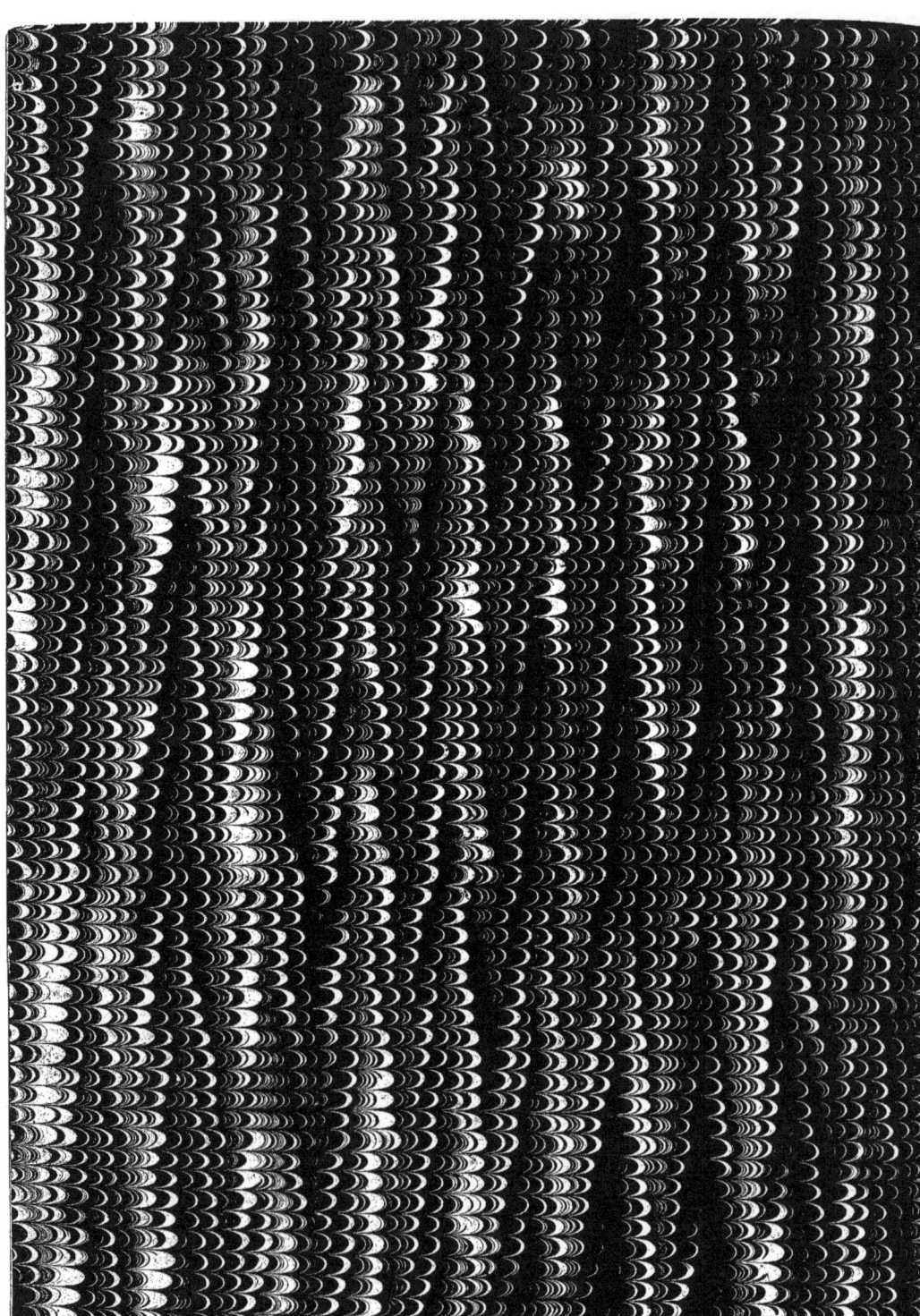

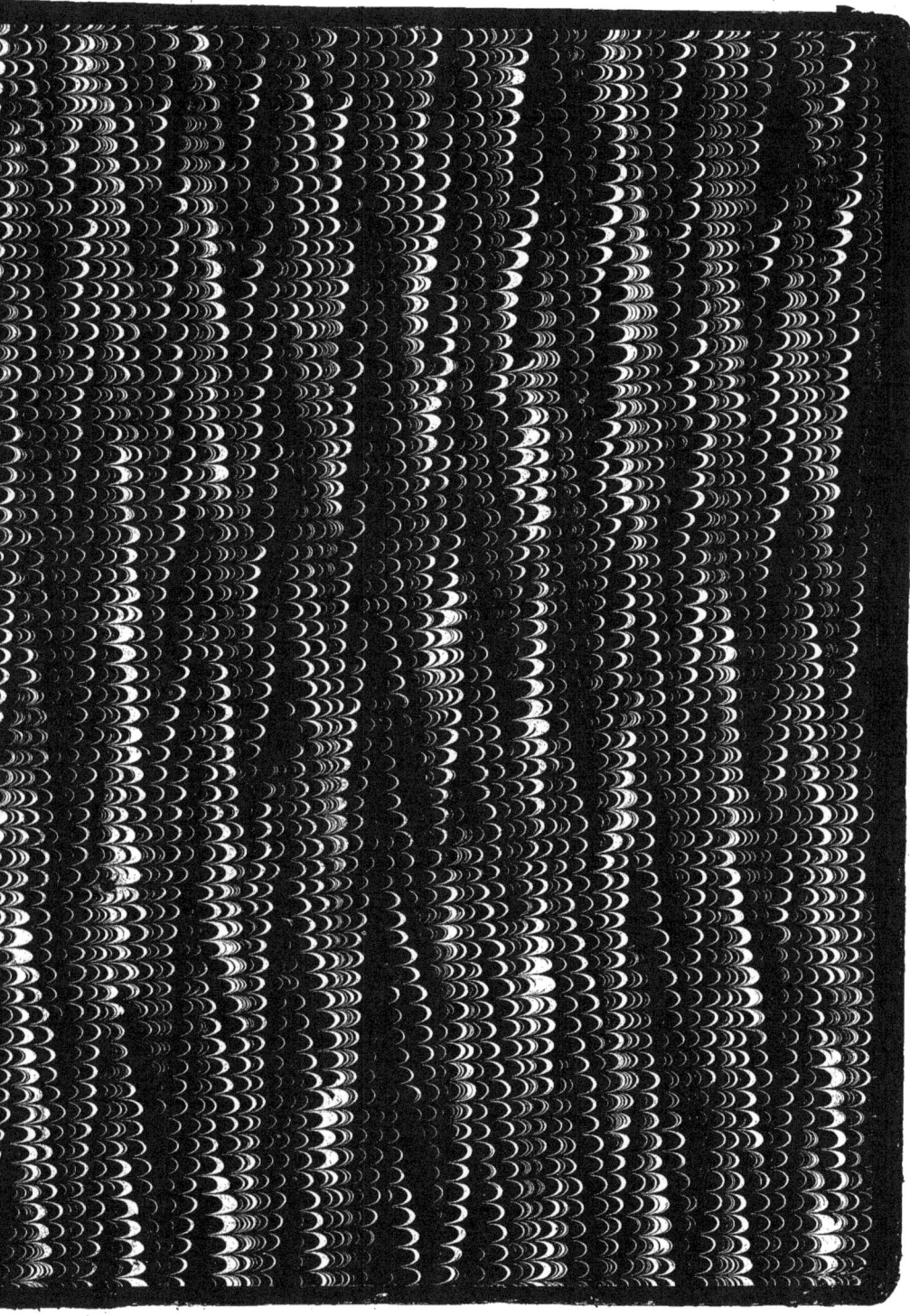

www.ingramcontent.com/pod-product-compliance
Lightning Source LLC
Chambersburg PA
CBHW050213230526
45470CB00001B/365